L'ABOLITION

DE

L'ESCLAVAGE

RÉFLEXIONS

SUR LE LIVRE DE M. COCHIN

PAR

OCTAVE GIRAUD.

Prix : 1 fr.

PARIS

AUGUSTE AUBRY, LIBRAIRE,
16, RUE DAUPHINE, 16.

Novembre 1861.

ABOLITION DE L'ESCLAVAGE.

L'ABOLITION

DE

L'ESCLAVAGE

RÉFLEXIONS
SUR LE LIVRE DE M. COCHIN

PAR

OCTAVE GIRAUD.

PARIS
AUGUSTE AUBRY, LIBRAIRE,
16, RUE DAUPHINE, 16.

Novembre 1861.

L'ABOLITION DE L'ESCLAVAGE.

I

Avant d'entrer successivement dans l'analyse des différentes questions que soulève le livre de M. Cochin (1), et qui convergent toutes vers l'abolition de l'esclavage et vers l'esclavage lui-même, nous voulons émettre quelques-unes des observations que nous avons faites pendant un séjour récent de six mois dans l'une des Antilles françaises, la Guadeloupe. Des observations générales au sujet de l'une de nos colonies se rapportent naturellement à toutes; car toutes vivent sous le même régime, dans les mêmes conditions de travail agricole ou de commerce, et toutes, ayant la même variété de populations, ont les mêmes habitudes, la même physionomie, les mêmes mœurs. De légères nuances, d'ailleurs, n'ôtent rien à l'ensemble : ce sont les grands traits, sur-

____

(1) *L'Abolition de l'Esclavage*, par A. Cochin. A Paris, chez Jacques Lecoffre, libraire-éditeur, rue du Vieux-Colombier; à Bordeaux, chez Feret fils, libraire.

1

tout, qui font l'assimilation. Les grands défauts et les grandes qualités sont identiques dans les colonies françaises ; les préjugés y ont le même caractère et la même force.

Je ne donne pas mes observations comme étant très-approfondies ; elles sont un peu de surface, mais elles ont leur vérité. Mon voyage à la Guadeloupe n'avait point pour but l'étude des mœurs et de la situation des colonies ; mais j'ai entendu et j'ai réfléchi, j'ai vu et j'ai observé. J'ai vu rapidement, il est vrai ; mais avec un peu d'intelligence, il n'est pas nécessaire de voir longtemps dans ces contrées pour juger avec fruit. Caractères, gestes, passions, tout y est expansif, tout s'étale aux regards sans beaucoup de voile. Une simple conversation avec un colon suffit pour que vous deviniez tous ses préjugés ; maintenant, vous les discernez encore mieux quand il agit.

Ce n'est pas le lieu de rapporter les émotions qu'ont éveillées en moi les splendeurs de la nature tropicale : le champ de l'imagination est vaste et je courrais risque de m'égarer et de me perdre. D'éblouissements en éblouissements, je voudrais noter tour à tour toutes les merveilles, me perdre sous la voûte imposante des forêts vierges, à travers ces grands arbres, géants séculaires qui ont jadis prêté leur ombre aux Caraïbes, et qui s'entrelacent de lianes et retentissent de la musique des oiseaux et des insectes ; je pourrais m'arrêter aux bords de ces rivières limpides qui roulent en cascade du haut des montagnes, entraînant dans la transparence de leurs ondes autant de fruits que de cailloux, autant de fleurs que de grains de sable; je pourrais contempler ces colosses de pierre, débris dispersés par les irruptions volcaniques et qui se dressent sur des sommets inaccessibles; ces immenses savanes où se balancent les bouquets aériens des cocotiers et des palmistes; ces vastes champs de cannes que moissonne le coutelas des nègres; ces cases groupées qui s'élèvent sur la cime des mornes, et parmi lesquelles tournent les grandes ailes d'un moulin à vent... En un mot, je pourrais céder aux tentations de la poésie; mais je m'arrête. Je dois m'occuper ici encore plus des habitants que du pays lui-même; je dois plus étudier les mœurs que les perspectives.

Que voyons-nous devant nos yeux, sous ce beau climat, dans cette terre privilégiée des Antilles? Nous voyons trois classes, ou plutôt trois races divisées par des préjugés et même par des haines. La plus vieille en civilisation, la race blanche, n'est pas la moins corrompue, en ce sens qu'il est moins facile de la ramener à des idées saines, parce que, chez elle, la vanité étouffe en partie les bons sentiments. Il y a cependant un fonds d'affabilité naturelle parmi les blancs; mais c'est une affabilité exclusive et qui ne s'adresse qu'aux hommes de leur couleur. Autrement la race blanche semble plus éloignée de la nature que les deux autres. Elle a très-peu d'aspirations élevées et ne trouve de délassements que dans la satisfaction des besoins matériels. Elle a conservé le sentiment du despotisme puisqu'elle regrette encore l'époque de l'esclavage. Elle est sceptique en religion; en politique, elle ne croit qu'à la force.

Elle est assez indifférente aux maux de la nature humaine. Elle raisonne d'après ses passions, jamais d'après la vérité. Ainsi, l'amélioration de la classe noire n'est pas possible, d'après les blancs, parce que cette amélioration n'est pas de leur goût. Ils ne trouvent que de mauvais instincts chez le nègre, parce qu'ils ne veulent point reconnaître ses bonnes qualités. L'esclavage, à leur compte, donnait de bons serviteurs, tandis que la liberté n'a produit que de mauvais domestiques. Ils feignent de ne pas comprendre ainsi que ce qui leur parait mauvais dans les domestiques, c'est leur personnalité, tandis que c'était l'impersonnalité ou plutôt l'hannihilement qui faisait à leurs yeux le mérite des serviteurs esclaves.

Les mauvais domestiques sont plus près de former de bons citoyens que les serviteurs excellents, car cette excellence même n'est qu'une preuve de la négation du caractère et du cœur. Ce n'est pas une vertu que d'obéir trop facilement, et c'est ce qui condamne non-seulement l'esclavage, mais la domesticité elle-même. Les principes barbares ont une triste influence sur ceux qui en profitent : c'est de leur faire perdre complétement le sens moral ; et sur ceux qui en sont les victimes : c'est de leur ravir le sentiment de la dignité. Accoutumés au mépris, les noirs, même émancipés, ne s'accordent point une valeur personnelle. Ils ne se croient pas dignes d'estime parce qu'ils ne se voient pas estimés. En général, leurs vices prennent le dessus sur leurs vertus, parce qu'ils ne ressentent point contre leurs ennemis ces haines vigoureuses qui prouvent la vitalité des races et l'indépendance des hommes. Leurs haines sont passagères parce qu'ils sont naturellement bons.

La bonté, quoi qu'on en dise, est le signe distinctif de cette race, et c'est ce qui l'a rendue si longtemps maniable.

Cette observation a été faite par des voyageurs qui ont pénétré au sein de l'Afrique. C'est en approchant des côtes que le naturel se pervertit, sous le contact du trafic des esclaves. Les nègres deviennent alors rusés et voleurs. Ils perdent le sentiment belliqueux qui entretenait en eux le courage. Deux vices s'attachent d'ordinaire à la servitude : la lâcheté et l'hypocrisie. Entre le chef de tribu qui commande à un peuple de chasseurs et celui qui vend ses sujets pour quelques mètres d'indienne ou quelques paquets de verroteries, il n'y a certainement pas un degré de civilisation, quoique le commerce soit regardé comme un progrès mis en regard de la chasse. Il est vrai de dire que la vente des esclaves est un trafic et non plus un commerce. Le nègre qui, armé de son arc et de ses flèches, poursuit un Élan dans les forêts qui bordent le Zambèze, est autrement estimable que celui qui remue la terre avec sa houe à la voix d'un commandeur. Et cependant, le second est agriculteur : il est moins primitif que l'autre; mais l'esclavage nuit à la sociabilité même de la plus noble profession. Les peuples policés, qui, dans les lois de la politique, obéissent à un maître, sont assurément bien inférieurs, par l'intelligence et par l'âme, aux peuples qui se gouvernent à leur gré. Ceux-ci, plus perfectionnés dans la civilisation, se rapprochent aussi plus de la nature. De telle sorte que les tribus chasseresses et les démocraties organisées, qui forment le commencement et la fin de la civilisation, s'unissent par un sentiment qui anoblit tout : la liberté.

Le métier d'homme libre ne s'apprend pas facilement. Esclave, le nègre n'avait qu'à plaindre son sort; libre, il doit assurer son existence. Il faut qu'il apprenne à connaitre le prix de l'argent, qu'il sache définir l'utilité du mariage, la garantie morale et matérielle de la propriété. Il faut qu'il sache ce que c'est qu'économiser, lui qui n'avait même pas de salaire. Il faut qu'il résiste à cette tentation de dépenser qui doit s'emparer de tous ceux qui n'ont jamais eu d'argent en leur possession. Le désir de s'habiller avec éclat vient aisément à celui qui était contraint de rester à peu près nu. La juste mesure des convenances et des choses doit lui échapper naturellement. Voilà pourquoi la plupart des nouveaux émancipés revêtent l'habit noir, le pantalon de même couleur, la chemise brodée, la cravate blanche, les souliers vernis; voilà pourquoi ils ont des bagues à leurs doigts et des chaines d'or à leur cou. Il y a aussi dans cette tendance l'instinct de l'égalité, mais un instinct mal calculé, parce que ce n'est plus qu'une égalité apparente, qui prête à la plaisanterie, tandis que l'égalité effective s'obtient seule par le travail et par la retenue.

Cette vanité de luxe perpétuerait les vices de l'esclavage; elle perpétuerait le concubinage, car le goût de la dépense ne peut convenir à la fixité du mariage, mais aux mœurs nomades. Les noirs deviendraient esclaves de leurs vices, au lieu de l'être des colons. Ils attenteraient à la propriété des autres, au lieu de devenir propriétaires. Il faut pardonner le désordre moral momentané à une race qui sortit de la condition de tribu pour prendre celle de servitude, et qui, sans transition, passa à l'état de liberté, à l'exercice des droits politiques, à l'obéissance des lois civilisatrices. Elle devait tout d'abord porter en même temps dans la cité l'allure fougueuse des peuplades au sein des forêts et la démoralisation qui naît de l'esclavage. Elle y a porté aussi des superstitions qui décèlent un fonds de sentiment religieux que les prêtres catholiques ont su discerner et qui malheureusement ne sera point dirigé dans le sens de la civilisation des temps modernes.

L'émancipation a certainement plus amélioré que perverti les noirs. Livrés à eux-mêmes, maîtres de leur conduite, ils se marient pour la plupart, ils rêvent la propriété. Aux environs des villes, ils tiennent à habiter une petite maisonnette qui soit en leur possession ; ils s'y abritent avec leur famille, car l'idée d'avoir un logis entraîne celle d'avoir une femme et des enfants et suppose des liens légitimes et des sentiments élevés. Dans les campagnes, vous rencontrez des nègres qui possèdent des terrains qu'ils ont défrichés eux-mêmes et qu'ils cultivent parfaitement. Cette terre est travaillée par l'homme, par la femme, par les enfants. Ils en vendent les produits. Ils se créent enfin une situation indépendante et morale que ne peut procurer l'esclavage. C'est par esprit d'imi-

tation, disent les colons. Ils se trompent : c'est le
naturel qui mène à l'indépendance, et de l'indépendance naît la moralité. Sans doute le concubinage et la paresse priment encore parmi les
affranchis; mais une génération formée par l'esclavage ne s'améliore pas tout d'un coup; l'amélioration complète ne se produit que dans les gé-
nérations subséquentes.

La classe intermédiaire, fruit d'un mélange de
sang et produit des deux races blanche et noire,
tient à la première par plus d'éducation, à la seconde par plus de vitalité et de jeunesse, et se
rapproche par ces deux accointances beaucoup
plus de l'esprit et de la véritable mesure de la civilisation. Le produit de l'esclave et du maître a
puisé chez celui-ci le sentiment de la personnalité
et chez l'autre l'indignation et la haine de la
servitude. Cette classe est avide d'éducation, elle
aspire à prendre une place honorable dans la société, elle embrasse le commerce et les carrières
libérales. Elle a le goût des arts, de la littérature,
de la politique. Elle a du savoir-vivre et de la po-
litesse. Elle a soif de considération, et souffre de
l'injuste dédain des blancs. Elle est le centre d'u-
ne bourgeoisie qui s'élève de plus en plus, et qui,
dans la suite des temps, dominera par les riches-
ses et par l'influence. Elle tient à faire preuve de
mœurs régulières et de tenue, ce qui naturellement la relève à ses propres yeux et l'encourage
dans le bien. La masse entière des mulâtres n'est
point arrivée encore à ce développement moral;
mais elle y marche, et le nombre des filles publiques que cette classe fournit à la dépravation

des blancs, tend à diminuer progressivement.

Cette appréciation n'est pas plus une apologie des mulâtres que mes observations précédentes ne sont une satire des blancs. Je rapporte mes impressions, et j'ai toujours pour principe de dire la vérité, rien que la vérité. Ainsi, le sentiment le plus accentué qu'on discerne parmi les colons, c'est le regret de l'ancien ordre des choses. Ils ne peuvent s'en consoler, et de toutes leurs conversations jaillissent une haine profonde contre la République de 1848 et une tendance à nier tous les bons résultats de l'émancipation. Ils gémissent continuellement ou se vengent par des quolibets. Les nègres sont naturellement le sujet de leur sarcasmes et de leurs plaisanteries. Ils s'attachent à prouver en toute occasion que les noirs ne sont pas une race d'hommes. Leurs preuves sont plaisantes : c'est la forme de la tête qui prouve évidemment le défaut de l'intelligence, c'est la largeur des narines, l'épaisseur des lèvres, les cheveux crépus qui rapprochent le nègre de l'animal. Une preuve encore bien caractérisque de l'infériorité des noirs, c'est que les requins en sont moins friands que des blancs : nous devons être certainement bien fiers de notre supériorité après un pareil avantage. Comme preuve de bestialité, les colons reprochent aux nègres l'abus des boissons fortes ; mais, est-ce que les colons eux-mêmes ne lèvent pas aussi un peu le coude ? Ont-ils pour habitude, dans cette position, de jeter le contenu du verre par-dessus leurs épaules ? L'abus chez eux est moins répandu que chez les noirs ; mais ils sont aussi plus civilisés. Ils blâment sévèrement les mœurs de la classe affranchie ; mais c'est manquer un peu de tact. Les nègres varient dans leurs amours vis-à-vis des jeunes négresses ; mais les blancs n'ont-ils pas aussi la passion du beau sexe ? Elle est très-prononcée au contraire, cette passion ; elle est même très-variée ; elle va du blanc au noir et du noir au jaune ; le drapeau que les colons arborent dans leurs amours, c'est le drapeau tricolore !

Une satisfaction leur restait : c'était l'immigration des Africains. Elle est détruite par la mesure récente que vient de prendre le gouvernement français, mesure qui, en mettant fin au transport des Congos dans les colonies, ouvre à l'émancipation la libre voie de la justice et de l'humanité. Un cri de douleur répondra à cet acte équitable, et M. de Cassagnac a poussé le premier ce cri. Il est déjà l'écho d'une plainte qu'on exhale tout au plus, à cette heure, aux Antilles. M. Granier a été le plus éloquent défenseur de l'esclavage, un sujet, à coup sûr, très-propice à l'éloquence. Il a dépensé une partie de sa verve à prouver que le nègre devait toujours obéir à la voix du commandeur ; qu'il était un brigand s'il désertait le travail forcé pour chercher la liberté sauvage dans les forêts ; qu'on devait le baptiser, en faire un chrétien, mais qu'on pouvait le laisser librement pratiquer le concubinage, si favorable à la reproduction des esclaves. C'était le sens des livres du rédacteur en chef du *Constitutionnel*. Comment s'étonner qu'il se fasse aujourd'hui le champion de l'immigration africaine, de cette contrefaçon de la traite, qui, pour être plus hypocrite, n'en est pas moins odieuse. Le gouvernement français a compris qu'il n'était point habile de sa part d'assumer une pareille responsabilité.

Il faut voir avec quels transports de joie on accueille aux colonies l'arrivée d'un navire chargé de Congos. J'en ai été plusieurs fois témoin. Cela rappelle évidemment aux créoles l'âge d'or de l'esclavage et ces temps heureux où prospérait la traite. Le spectacle est le même : ce sont des nègres et des négresses à moitié nus qu'on leur amène. Ce troupeau est déposé provisoirement dans de grandes cases en bois que nous consacrerions en France aux bœufs et aux moutons. Là, les Africains sont entassés pêle-mêle jusqu'à ce qu'ils aient été réclamés par leurs maîtres. J'ai remarqué qu'ils étaient surtout composés d'enfants de douze à quatorze ans. Ils sont tous assis en rang sur le plancher, avec un numéro d'ordre sur la poitrine. On leur impose le silence pendant l'opération du numérotage. Ils ont la figure sérieuse, un peu étonnée ; mais leur docilité a quelque chose qui attriste profondément. Ce qui m'affligeait beaucoup, c'est leur nudité presque complète au débarquement. Les femmes avaient un mouchoir autour des reins ; la plupart des jeunes gens n'avaient rien pour se garantir. Il y avait là un surveillant, avec un fouet à la main ! Ceci prouve que les habitudes invétérées se perdent difficilement.

L'arrivée des Indiens ne produit point une égale satisfaction. En voici les raisons : les Indiens sont plus indolents que les Africains; ils sont plus intelligents, quoique soumis. Ces raisons se contredisent, mais se comprennent. Les colons voudraient des travailleurs robustes, mais abrutis et dociles. A ce point de vue, les Congos leur paraissent supérieurs aux Indiens. Et puis, l'engagement des premiers est de dix ans, tandis qu'il n'est que de cinq ans pour les autres. Et puis, nous allons dire le fin des choses : c'est qu'avec l'immigration des Africains, les colons ne perdent pas tout espoir du rétablissement de l'esclavage. Leurs illusions doivent être dissipées à cette heure ; mais ils ont une fiche de consolation bien suffisante dans le décret qui leur concède une liberté plus large et plus complète du commerce.

II

COLONIES FRANÇAISES.

Si nous portons nos regards vers la naissance
des colonies, nous sommes obligé de les considé-
rer immédiatement comme l'œuvre d'indignes fli-
bustiers et comme le théâtre d'atrocités sanglantes. Nous voyons des petits tyrans, avides de domination, se ruer, en quelque sorte, sur les indi-
gènes au lieu de les assouplir ; exaspérer leur
indépendance sauvage plutôt que d'associer à cet
instinct de liberté, l'amour du travail, l'aiguillon
de l'intérêt. Le travail libre pouvait s'organiser
dans le principe; la brutalité des colonisateurs les
fit recourir au travail esclave. La fécondité d'un
sol vierge appelait, pour ainsi dire, des institutions fécondes ; elle promettait plus que la richesse matérielle, plus qu'une facile nourriture,
plus que l'activité des échanges, plus que la prospérité commerciale : elle promettait en même
temps des relations sociales jamais troublées, des
mœurs douces, affectueuses, quelque chose enfin

de cette harmonie dans le bonheur que l'homme poursuit en rêve et qu'il ne sait point obtenir. Où la fraternité devait croître et fructifier, les passions cupides s'enracinèrent profondément.

C'est que des éléments corrompus ne peuvent produire qu'une impure civilisation. La tourbe vagabonde des sociétés européennes a déposé ce virus au sein de nos colonies. Les préjugés en découlent ainsi que l'affaiblissement moral. Dans des contrées où la nature faisait épanouir toutes ses magnificences végétales, on avait pu voir s'amasser à plaisir toutes les misères morales. Des fruits dorés et des fleurs parfumées embellissaient toutes les plantes, remplissaient de vie et d'éclat les plus sombres forêts ; mais l'arbre de la civilisation coloniale croissait sans parure, riche seulement de fruits empoisonnés.

Ainsi que la plupart des nations de l'Europe, aussitôt que la France eut des colonies, elle eut des esclaves. Les rois catholiques établirent la traite, évidemment pour rester fidèles aux principes de l'Évangile. Le 27 août 1704, le roi très-chrétien de France reçoit du roi très-catholique d'Espagne, le monopole de cet odieux commerce pour dix ans, et les deux potentats prennent dans l'affaire un intérêt personnel d'un quart. Sous Louis XVI, une prime est accordée à la traite par arrêt du conseil. La Révolution survint et la Constituante se montra pleine d'hésitation, à propos du régime des colonies. Elle fut inconséquente dans les principes, en favorisant les préjugés des blancs. Les demi-mesures amenèrent la guerre civile. Les protestations éloquentes de Grégoire, ces paroles célèbres de Robespierre : « Périssent les colonies ! s'il doit vous en coûter votre bonheur, votre gloire, votre liberté , » frappèrent en vain des oreilles volontairement sourdes. Le 24 mars 1792, l'Assemblée législative, sous la pression du mouvement révolutionnaire , accorde les droits politiques à tous les hommes de couleur libres, sans distinction. Elle annule la prime accordée par Louis XVI à la traite des noirs. Enfin , le 4 février 1794, sur la proposition de Levasseur (de la Sarthe), l'abolition de l'esclavage fut prononcée. Cette grande mesure est due à la première République , comme elle sera renouvelée par la seconde. Le peuple français a précédé toutes les nations dans cette application des plus nobles principes. Le flambeau s'éteint souvent dans les mains de la France, mais il se rallume avec la même rapidité.

Le décret d'abolition ne put être promulgué immédiatement aux Antilles : la Martinique et la Guadeloupe venaient d'être la proie des Anglais. Les îles de France et de Bourbon ne voulurent point accueillir les commissaires du pouvoir exécutif. Le 2 juin 1794, l'arrivée de Victor Hugues à la Guadeloupe entraîna la fuite des Anglais et la proclamation de la liberté. Cette petite île mérite, entre toutes, un éloge particulier pour le patriotisme qu'elle sut déployer en toute occasion contre l'étranger. En 1801, le régime militaire succède au régime civil et prépare le rétablissement de l'esclavage et de la traite : la loi du 30 floréal an X fut proclamée. Alors la volonté d'un homme avait remplacé celle de la nation ; une individualité résumait un peuple. Il y eut, au sein du Corps législatif, des députés qui prouvèrent hypocritement la nécessité et même les bienfaits de l'esclavage. A ce sujet, un représentant de la Gironde, Joubert, prononçait cette phrase : « *Ne troublons point le monde par les théories.* » Il était, sans doute, plus naturel de le troubler par les conquêtes et par les batailles sanglantes !

On perdit Saint-Domingue, parce qu'on voulut rétablir l'esclavage dans un pays où les négresses s'écriaient en montrant leurs enfants : « Nous les écartellerons plutôt que de souffrir qu'ils deviennent esclaves ! »

Alors l'Angleterre prit en main la cause de l'humanité. Wilberforce et Clarkson l'agitèrent par leurs motions abolitionnistes. Le Congrès de Vienne supprima la traite en 1845. Avec les Bourbons renaissent, pour les colonies, les anciennes institutions : c'était logique. Quelques améliorations commerciales, financières, argricoles ; l'application de l'organisation judiciaire de la France, etc., ne compensent point le maintien de l'esclavage ; car, pour me servir de l'expression de M. Cochin lui-même : « On pensa à l'émancipation des esclaves, mais on n'y toucha pas. » La production totale des sucres augmenta sous la Restauration ; mais cette prospérité, obtenue par le travail des esclaves, les rendait encore plus dignes de l'émancipation. Les colons auraient dû prendre en pitié ceux qui les enrichissaient ; ils méprisaient et brutalisaient, au contraire, ces instruments de leurs jouissances matérielles. Ce n'est pas seulement l'extrême fortune, comme le dit Montesquieu, mais l'extrême domination qui porte à la dureté !

Le mouvement abolitionniste se réveilla en France avec la Révolution de 1830. La traite fut abolie le 4 mars 1831. Mais c'est à l'Angleterre que revient, depuis 1794, le premier exemple de l'abolition de l'esclavage. La France, peuple d'avant-garde et d'intuition civilisatrice, se laissa dépasser par l'Angleterre, nation industr'elle et commerçante. Mais désormais des voix généreuses et autorisées feront retentir la tribune, la presse, de leurs éloquentes réclamations. La persistance de ces réclamations ne sera dépassée que par l'inhumaine résistance et le mauvais vouloir des colons. Des mesures furent votées afin d'adoucir progressivement le sort des esclaves, de favoriser le rachat de la liberté ; afin de placer les lois au-dessus des caprices, la justice au-dessus de la brutalité ; afin de provoquer les mariages, de propager l'instruction, etc. Ces mesures ne furent point ou furent mal appliquées. Les tribunaux se montrèrent sévères pour les esclaves, scandaleusement indulgents pour les maîtres. Les conseils coloniaux traitèrent l'intervention de la métropole comme *illégale* ; ils osèrent proclamer l'esclavage un *bienfait*, et l'*instrument providentiel et permanent de la civilisation.* Veut-on voir où en était la *civilisation* à cette époque dans les colonies ? Les chiffres seront d'une éloquence écrasante. A la Martinique on comptait *un* mariage sur 137 blancs, *un* sur 224 noirs libres, *un* sur 5,577 esclaves ; à la Guadeloupe, 198 mariages pour 31,252 libres, et 11 mariages pour 96,803 esclaves ; à Bourbon, 284 mariages pour 36,803 libres, *zéro* mariage pour 69,296 esclaves. Ainsi, à tous les degrés de la population, ce qui dominait, c'était le concubinage. Et quelles sont les lois primordiales de toute société, de toute civilisation : c'est le mariage, c'est la famille. L'esclavage conduisait donc les hommes à l'état sauvage, moins la liberté, à la bestialité se parant d'un manteau de civilisation.

Dans les dernières années du gouvernement de juillet, l'émancipation fut proposée aux colons, avec un délai de dix ans et une indemnité proportionnée au prix moyen des esclaves ; le pouvoir affranchit même une portion des travailleurs de ses domaines coloniaux. Les planteurs s'en irritèrent, en s'écriant qu'*on ébranlait jusque dans ses fondements l'édifice colonial.* En même temps l'intolérance prenait des proportions inouïes. En 1845, un homme de couleur ayant été nommé membre du Conseil, le gouverneur de la Martinique ne crût pouvoir l'inviter à dîner qu'en *particulier.* Ceci nous rappelle un ancien créole de la Guadeloupe, nommé Renaudin, qui voulait non-seulement que les mulâtres saluassent sa personne, mais encore *sa maison.*

Le mouvement imprimé aux idées d'abolition était trop puissant pour rétrograder. C'était, en quelque sorte, le coursier attaché au char de l'opinion publique ; c'était le souffle qui s'échappait de toutes les poitrines, le mirage de tous les regards qui se fixaient sur l'avenir, l'aliment moral de toutes les aspirations grandes et généreuses ! L'émancipation devait aboutir ; elle fut pro-

clamée par le gouvernement provisoire en 1848.
« Quel que soit le jugement que porte l'avenir sur
» la Révolution de février, il sera juste de procla-
» mer le mouvement généreux qui en signala les
» *débuts*... Le souffle qui renversa le serment po-
» litique, l'esclavage, la peine de mort en matière
» politique, le *drapeau rouge*, fut assurément pur
» et magnanime. » Malgré quelques restrictions
qui tiennent à l'influence des idées monarchiques
de M. Cochin, la république de 1848 ne pouvait
obtenir un plus bel éloge de la bouche d'un adversaire, mais, disons-le, d'un adversaire loyal et
convaincu.

Les colons ont prétendu que l'émancipation les
avait ruinés ; mais il est essentiel de savoir que la
dette hypothécaire de la Guadeloupe et de la
Martinique s'élevait à 140 millions avant 1848. La
plupart des colons jouissaient donc d'une propriété qui ne leur appartenait plus. Ce n'est pas l'é-
mancipation qui les a transformés en débiteurs,
elle régularisa la situation économique et foncière ;
voilà tout. M. Cochin, en énumérant les travaux de
la commission coloniale que présidait M. Schœl-
cher, ne tient pas suffisamment compte d'une tâ-
che aussi délicate et des difficultés du moment.
L'auteur n'est pas sans prévention, malgré de loua-
bles efforts d'impartialité. La commission coloniale, en 1848, ne fut point imprévoyante. Si l'ensemble des décrets qu'elle fit accepter avait été
loyalement appliqué, il est probable que la sécurité aurait eu pour fondement de libres institutions. Le suffrage universel et la liberté de la
presse, expérimentés dans les colonies, sont envi-

sages par M. Cochin comme deux fautes graves. Mais dans les circonstances où l'on se trouvait, il fallait obéir à la logique des principes. Dès l'instant qu'un gouvernement s'appuie sur la vraie démocratie, il doit consacrer le droit partout, la liberté partout. L'abolition de l'esclavage, sous un régime républicain, entraînait naturellement l'application des principes républicains. Ce n'est pas prendre l'homme au sérieux, n'importe sa couleur, que de lui dire : Tu peux employer librement tes mains aux travaux agricoles, exercer ton intelligence dans les affaires commerciales ; mais tu ne peux remplir les devoirs du citoyen. Enfin de compte, les noirs ont-ils voté avec moins de sens et de jugement que nos paysans ? A la Guadeloupe surtout leurs votes ont été en harmonie avec leurs intérêts bien compris. Je regrette que M. Cochin ait cru devoir marquer une distinction entre l'influence de la liberté dans les colonies et celle de la révolution. A la première, il rapporte tout le bien ; à la seconde, tout le mal. La liberté et la révolution n'étaient qu'une même chose en 1848. L'une et l'autre ont réveillé des races engourdies ; l'une et l'autre ont retrempé les caractères. Ce n'est pas la liberté matérielle qui nous transforme, c'est la liberté morale. Si de nos jours les émancipés comprennent la valeur de leur nouvelle situation, ils doivent moins cette sorte d'intuition à l'abolition de l'esclavage qu'à l'exercice des droits politiques. Les blancs eux-mêmes ont gagné à cet exercice : des droits naît toujours la dignité.

M. Cochin, avec une connaissance plus approfoudie des colons, avec moins de prévention contre les mulâtres et surtout contre la plupart des actes de la révolution de 1848, aurait tracé, avec une impartialité plus soutenue, l'historique des événements qui suivirent, dans les colonies, la proclamation de la liberté des noirs. Son système consiste à faire peser toute la responsabilité sur la classe intermédiaire : c'est cette classe qui mit le plus en œuvre les sentiments de conciliation; et ses organes, quoiqu'en dise M. Cochin, n'étaient point rédigés par *d'infimes* journalistes. Il suffit de les parcourir pour s'éclairer immédiatement.

Cette discussion n'est point une amère critique. M. Cochin peut se tromper; mais il revient toujours à ses nobles instincts. Arrivons vite aux preuves qui établissent victorieusement les heureux résultats de l'abolition de l'esclavage. Le livre de M. Cochin abonde en arguments irréfutables : ils reposent sur des chiffres. La démoralisation a-t-elle grandi parmi les affranchis? Ont-ils commis plus de vols, plus de crimes? Les naissances, les mariages sont-ils moins nombreux? Le vagabondage a-t-il remplace le travail? La production a-t-elle baissé? L'importation est-elle décroissante? Les prisons sont-elles plus peuplées que les écoles?

Il est curieux de noter d'abord, comme observation essentielle, que les forces militaires entretenues par le gouvernement français dans les colonies, avant 1848, dépassaient en nombre celles qu'on y voit depuis cette époque. N'est-ce pas une preuve de sécurité plus grande? Des hommes libres ne menacent point de se révolter. L'idée de vengeance pouvait naître dans les chaînes ; mais le ressentiment, comme un oiseau de nuit, a fui devant la lumière de la liberté. En 1837-39, on comptait 47 sur 100 accusations de crimes contre les personnes ; en 1850-52, il n'y en a plus que 21 sur 100. Il est vrai que les accusations de crimes contre les propriétés ont augmenté, mais ce n'est point une conséquence de l'accroissement des vols.

Sous le régime de l'esclavage, le fouet du maître punissait seul les délits, et l'usage incessant de cette correction brutale établit la multiplicité des récidives. Le fouet était en permanence pour punir ; les tribunaux ne sont point obligés de renouveler plus qu'ailleurs leurs sessions ; ils jugent avec la loi et non point avec la force. « La privation de la liberté, dit M. Cochin, fait des meurtriers ; la privation de la propriété fait des voleurs. » Les crimes doivent naturellement décroître depuis l'émancipation ; les vols diminueront également avec la perspective, pour les noirs, de devenir propriétaires.

Au reste, il n'existe pas de pays au monde où l'on repose avec plus de sécurité, avec moins d'appréhension qu'aux Antilles. Dans les campagnes, les fenêtres des maisons, les portes même restent ouvertes durant la nuit comme pendant le jour. Voit-on se glisser dans ces maisons des voleurs ou des assassins ? Seule, la brise des mers pénètre dans les appartements et vient caresser amoureusement le visage des belles créoles endormies. En France, on multiplie les verroux ; il n'est point

une Française qui ne ferme prudemment sa porte
à double tour avant de se livrer aux douceurs du
sommeil. Les crimes contre les personnes, les at-
tentats à la pudeur, les incendies se renouvellent
plus souvent en Europe que dans les colonies.
Cependant, aux Antilles, 90 accusés sur 100 sont
illettrés, tandis qu'en France la proportion n'est
que de 55 sur 100. J'ai entendu avancer par des
créoles eux-mêmes que les nègres étaient d'excellents payeurs : ils n'achètent rien sans avoir l'argent à la main. Il y a donc un instinct de probité
dans cette race ! Elle est donc susceptible de civilisation !...

L'émancipation a-t-elle accru la population, fa-
vorisé la famille? Un noble principe n'a jamais
que des conséquences élevées. Dès les premières
années qui suivirent 1848, on put remarquer un
excédant des naissances sur les décès. La population des colonies françaises en 1846 s'élevait à 374
mille 568 habitants ; en 1856 elle atteignait le chiffre de 387,824. Comparons maintenant la proportion des mariages : De 1838 à 1847, il y avait eu,
dans toutes les classes, 7,929 mariages ; de 1848 à
1856, ils atteignent 38,458. Les légitimations, de
1848 à 1855, se sont élevées à 20,000, et les re-
connaissances à près de 30,000. Osez dire après
cela que la liberté ne moralise point. L'esclavage
multipliait les bâtards ; l'émancipation n'en dimi-
nue pas seulement le nombre par les mariages,
elle donne un nom, elle procure une position ré-
gulière et morale à la plupart de ces pauvres
êtres, qui, nés cependant d'une femme, ainsi que
nous, ne savaient plus où retrouver leurs mères,

et qui pouvaient, d'un moment à l'autre, insulter ou frapper leurs pères sans les connaître. On plaisante beaucoup, dans les colonies, sur ces unions des nègres et des négresses; on triomphe en voyant quelques affranchis adopter les anciennes mœurs et revenir au concubinage après la bénédiction nuptiale. Les habitudes de l'esclavage ne se perdent point immédiatement. Au surplus l'attention doit se porter sur le groupe très-nombreux des noirs qui vivent avec leurs femmes, élèvent leurs familles, et qui donnent ainsi un exemple dont les résultats seront féconds dans l'avenir.

Le vagabondage est un des reproches les plus vifs qu'on adresse aux affranchis depuis l'émancipation. Le premier cri de liberté fut, pour eux, comme une porte qu'on ouvre à des prisonniers. Ils firent comme les oiseaux qui, s'échappant de leurs cages, parcourent l'espace sans but, se posent sur toutes les branches pour s'envoler tour à tour, heureux de se sentir des ailes, de les ouvrir, de les fermer à leur gré, de pouvoir se désaltérer à toutes les sources, de becqueter les graines de tous les arbres, de choisir librement le hallier qui doit abriter leur nid! Le travail immédiat dans les mêmes ateliers, n'eût point semblé un changement d'existence! Habiter la même case, planter les mêmes champs de cannes, obéir à la voix d'un commandeur autrefois détesté, c'était toujours l'esclavage, ce n'était point la liberté! Ils s'élancèrent donc sur les grandes routes, affluèrent dans les villes, dans les bourgs, changèrent de quartiers. Le travail de la terre paraissant trop le travail de l'esclave, beaucoup apprirent des métiers, se transformèrent en maçons, en charpentiers, en charrons, en tonneliers. Beaucoup aussi défrichèrent des terrains abandonnés et devinrent propriétaires. Le vagabondage disparut progressivement. Une police plus que sévère le rend impossible désormais.

Si moins de bras se portèrent vers la grande culture, la petite, à son tour, profita de cet abandon. Ces nouveaux propriétaires plantèrent des cannes; mais, sans moulins, comment fabriquer? Les moulins appartenaient aux *habitants*, fort mal disposés pour ces petits planteurs noirs. Des nègres cultiver des cannes pour leur propre compte! C'était le renversement de toutes les idées reçues! Le Christ, dans ses prophéties, avait dû placer cet événement parmi les signes les plus certains de la fin du monde! Les affranchis propriétaires se contentèrent alors de récolter des vivres et d'approvisionner les marchés.

Nous arrivons à l'état de la production et de la consommation dans les colonies. Les plaintes des colons accusent une grande diminution dans les récoltes depuis l'émancipation. Comment atteindre le rendement du temps de l'esclavage? Les bras sont moins nombreux; l'étendue des terres cultivées est moins grande!... Quelques personnes croiront à la légitimité de ces plaintes, à l'évidence de ce raisonnement! Les faits condamnent les unes et contredisent l'autre. Le nombre d'hectares en culture a diminué, mais, résultat admirable du régime de la liberté! il advient, en même temps, que la production s'est accrue. En

1857, elle dépassait le chiffre de 1847. De 1843 à 1847, les produits s'élèvent à la Martinique à 39,226,503 fr., tandis que de 1852 à 1857 ils montent à 51,646,959 fr. A la Guadeloupe, la balance, en faveur du nouveau régime, n'est que de quatre ou cinq cent mille francs, mais la tendance est toujours progressive. A la Réunion, dans le même laps de temps, sous l'esclavage, la production atteint 36,074,648 fr.; elle s'élève, de 1852 à 1857, au chiffre énorme de 72,324,705 fr. Que répondre à de pareils arguments?...

L'importation suit une progression non moins ascendante. Nous ne voulons point dire, pour cette raison, qu'il n'y ait point eu souffrance, gène positive, surtout à la Guadeloupe. Mais l'émancipation ouvre, pour les colonies françaises, l'ère des prospérités brillantes! Elle a régularisé les positions, éveillé l'impulsion libre et puissante de tous les bras, de toutes les intelligences. L'importation devait grandir, à mesure que croissait la masse des consommateurs. Les nègres affranchis ont eu des besoins nouveaux; ils se sont mieux nourris, ont acheté des vêtements; ils ont eu même des nécessités de luxe. Les colons se sont plaints de manquer de bras; ils ont eu recours à l'immigration. Cette mesure est peut-être un danger. Ce sont des races nouvelles importées dans un pays divisé déjà par la multiplicité des races. L'immigration, du reste, deviendra de moins en moins utile, alors que la production et la fabrication formeront deux industries séparées. Les usines centrales se développant, le nombre des bras sera de moins en moins nécessaire. Les travailleurs, nés dans les colonies , suffiront pour la plantation des cannes et pour le défrichement des terrains abandonnés. La petite culture ainsi que la grande enverront leurs produits aux usines. Les Chinois et les Indiens pourront rester en Asie. Nous ne craignons point pour les colonies l'envahissement des idolâtres, mais tant de variétés de mœurs dans des contrées si peu étendues, deviendrait assurément une source d'anarchie morale et peut-être matérielle.

Portons enfin nos regards sur les progrès de l'éducation. J'ai pu remarquer de mes propres yeux l'empressement avec lequel les nègres envoient leurs enfants aux écoles. Ils semblent y mettre un grand amour-propre et sont, à ce point de vue, dotés d'un instinct de civilisation bien supérieur à celui de nos cultivateurs. Ceux-ci ne sentent que très-faiblement le prix de l'éducation pour leurs enfants. M. Cochin signale le très-grand nombre d'écoles, de couvents, etc., qui se sont répandus dans les colonies depuis 1848. Notre satisfaction est moins grande que la sienne en voyant l'éducation presque tout entière aux mains des ecclésiastiques. Aussi l'omnipotence des prêtres catholiques, dans ces lointaines contrées, devient une sorte d'autocratie au sein des villages et même des villes. L'éducation civile ne pourrait-elle vivre et prendre racine dans les colonies françaises ? Des lycées , sous la dépendance de notre Université , dirigeraient l'instruction publique dans une voie bien autrement progressive. Ce n'est pas dans un lieu où la lumière du ciel est si éclatante , qu'il faut laisser les intelligences dans les ténèbres ! A ce point de vue, tout est à faire. Des écoles primaires, avec des laïques, représenteraient mieux l'Etat, les idées modernes, que sous la direction des frères de la doctrine chrétienne. Est-il bien nécessaire que les affranchis apprennent à lire, récitent, écrivent, marchent, en battant la mesure avec les mains ou les pieds? A moins qu'on ne prétende que les nègres doivent être élevés par les *hommes noirs!* Ce noble élan des affranchis vers l'éducation mérite une attention sérieuse. Ils sont loin de manquer de finesse dans l'esprit, et, pour le prouver, il me suffirait de citer quelques-uns de leurs proverbes, tournés d'une façon très-vive et très-saisissante.

Je dois m'arrêter : la conclusion de cet article ressort naturellement de ses prémisses. C'est une victoire de la liberté sur l'esclavage! C'est le développement de tous les bienfaits d'un principe fécond, d'une idée qui porte avec elle le bonheur de toutes les nations du globe, la grandeur de l'humaine civilisation! C'est, pour me servir d'une image en quelque sorte indigène, c'est le soleil radieux qui, dans les Antilles, fait mûrir éternellement des fruits sur tous les arbres et entretient dans les campagnes la verdure éternelle! Qui nous dit que, dans la diversité des races qui peuplent l'univers, qui nous dit que la Providence ne réserve point aux noirs un rôle utile, un grand rôle à jouer? Qui nous dit que les peuplades africaines qui s'agenouillent devant des fétiches et qui naviguent sur d'immenses fleuves dans de grossières pirogues, ne se transformeront point en nations policées, bâtissant des cités où se dressaient de simples cabanes, abattant les forêts profondes pour multiplier les produits agricoles, ouvrant leurs contrées à toutes les industries, à tous les échanges, à tous les arts, déployant des facultés non moins originales que les races jusqu'à ce jour prépondérantes !

L'histoire place l'aurore de la civilisation dans l'Inde, où dominait la race cuivrée ; il est à croire que cette civilisation en est à son midi depuis que la race blanche en est la directrice. Et, comme dans la pensée du grand Être, une lumière permanente doit rayonner sur l'humanité, et comme toute justice vient de Dieu, il est à penser que la race noire prendra à son tour une part d'initiative pour répandre aussi cette lumière et pour ne pas faire mentir cette justice !...

III

ÉTATS-UNIS.

I

La dualité entre le bien et le mal semble poursuivre l'homme dans ses plus nobles entreprises. Le soleil de la civilisation projette un brillant reflet sur le berceau d'un peuple, et, dans le pourpre éclatant de ce reflet, l'œil aperçoit en même temps une tache, un point noir, une ombre. Cette ombre se développera de concert avec le rayonnement, et l'épaisse nuit bientôt luttera de vitesse avec la lumière étincelante. Cette image peut s'appliquer à la naissance des Etats-Unis. La Virginie vit aborder la même année sur ses côtes l'esclavage et la liberté. La liberté apparut la première sur cette terre sacrée ; elle ne l'abandonnera jamais, nous l'espérons, pour l'honneur de l'humanité. Un navire, la *Fleur-de-Marie*, débarqua à Plymouth, dans l'hiver de 1620, des émigrés anglais, puritains persécutés, qui portaient dans leur âme les semences fécondes du sentiment libéral et de la foi religieuse. Ils étaient honnêtes, intelligents, passionnés et convaincus ; ils avaient tout pour fonder un gouvernement d'hommes libres. La même année, un autre navire, que l'on croit hollandais, débarquait aussi à Jamestown dix-neuf esclaves noirs. Tel est le soleil et telle est l'ombre qui se montrèrent à la même époque dans le ciel et sur le berceau des Etats-Unis.

Les esclaves eurent d'abord des droits politiques ; mais on les leur retira en 1639. La logique des principes le voulait ainsi : des droits ne peuvent jamais se marier avec la servitude. Les deux Carolines devinrent le marché des esclaves. Dans les Etats du Nord, l'esclavage se propagea avec beaucoup plus de lenteur. Ils devaient aussi se débarrasser plus rapidement de cette écume impure. Le gouvernement anglais fut, dans ces contrées, l'instigateur de l'importation des nègres. On peut sans crainte l'en accuser, car l'accusation ici repose sur des faits. En 1776, la convention de Williamsbourg reprochait à Georges III de s'être opposé à la prohibition des noirs par la Virginie. Une semblable protestation avait été faite en 1774 dans une déclaration du Congrès. En 1749, le gouvernement anglais contraignit la Georgie à maintenir une loi d'importation des Africains et des spiritueux. Il fallait non-seulement accepter des esclaves, mais encore des liqueurs fortes pour les enivrer. L'ivrognerie était jugée digne de s'associer avec l'esclavage.

A l'époque de la fondation de la République des Etats-Unis, dans la Constitution du 17 septembre 1787, Jefferson voulut ajouter un article qui condamnât l'esclavage. Cette proposition fut rejetée à la majorité d'*une* voix. La voix d'un seul homme a donc compromis l'avenir de la plus grande et de la plus démocratique des Républiques modernes. Les intérêts l'emportèrent sur les principes. Washington affranchit ses esclaves par testament ; Franklin écrit contre l'esclavage... Mais ces grands hommes craignirent de rompre la fédération à son début; ils l'eussent peut-être consolidée pour toujours. Le mariage de la liberté et de la servitude n'a produit que la guerre civile. Que de sang aura coulé avant le triomphe du bon droit sur ce nouveau continent où semblait s'ouvrir l'ère nouvelle de l'humanité !

Du reste, dans la constitution américaine, le mot *esclavage* ne se rencontre nulle part : on ne dit point les *esclaves*, mais les *personnes*. La loi semble honteuse elle-même d'une aussi coupable iniquité. Sous le souffle puissant de la révolution française, le Congrès prohiba la traite en 1794 : la justice s'échappant d'une voix humaine a de lointains échos. Dans les traités passés avec l'Angleterre, en 1814 et en 1842, le même principe est maintenu. Mais un prétexte habile de dignité nationale abrite une odieuse cupidité. Les Américains n'ont jamais voulu se soumettre au droit de visite, et l'indépendance de leur pavillon pouvait garantir ainsi la traite subreptice. Proclamer une vérité en consacrant un mensonge, c'est se montrer doublement criminel. Une mauvaise action franchement commise indigne, mais l'hypocrisie dans le crime exaspère.

Le premier exemple d'émancipation aux Etats-

Unis vint du Nord. Dès l'année 1780, la Pensyl-
vanie et le Massa-Chusets proclamèrent l'extinc-
tion graduelle de l'esclavage. Plusieurs Etats suivirent cet exemple. Sept Etats sur treize qui com-
posaient originairement la Confédération, n'a-
vaient plus un seul esclave en 1820. L'esclavage
se trouva confiné dans le Delawarre, le Maryland,
la Virginie, les Deux-Carolines et la Georgie. A
cette époque, ces six Etats renfermaient 1,620,340
esclaves; en 1790, on n'en comptait du Nord au
Sud que 670,633.

Aujourd'hui, l'Union entière contient trente-
deux Etats : dix-sept n'ont point d'esclaves; quinze
seulement en possèdent. On espérait que l'exemple du Nord en imposerait au Sud, que l'abolition
de la traite tarirait la source du recrutement des
noirs, que les productions qui semblaient néces-
siter des mains serviles, comme le riz et l'indigo,
seraient délaissées en face de la concurrence victorieuse de l'Inde. Mais le génie industriel lui-
même, une invention née des libres facultés de
l'homme, un progrès qui simplifiait la peine et le
labeur, fut la cause de la persistance ou plutôt du
rajeunissement de l'esclavage dans les Etats du
Sud. Une pensée, librement envolée du cerveau
d'un simple ouvrier, vint river la chaîne de l'esclave. Whitney inventa la machine à éplucher le
coton : on entrevit aussitôt la prospérité qui pouvait s'attacher à cette production. L'exportation
du coton en 1793 ne dépassait point 187,000 bal-
les; elle a atteint onze cents millions de livres aujourd'hui.

Tant de prospérité matérielle devait entraîner

l'extension d'une misère morale, c'est-à-dire l'accroissement des travailleurs esclaves. Comment obtenir cet accroissement sans la traite? Tous les moyens sont bons pour ceux qui se lancent en dehors des principes; l'odieux n'est pas même une limite; on arrive à l'infamie, sans trouble et sans remords. Les Américains du Sud, ayant admiré l'excellent résultat des haras pour la multiplication des chevaux, en inventèrent pour celle des Africains. On donna à cette création vraiment civilisatrice le nom d'*élève des nègres*. Un mâle parut suffire pour dix femelles. C'était une insulte à la pudeur, à la moralité, au mariage, à la famille; mais qu'importe! le but était atteint : 120,000 esclaves de plus pouvaient être annuellement importés d'Etat à Etat par ce moyen honteux. La traite clandestine et l'*élève des nègres* ont pourvu, comme le dit ingénieusement M. Cochin, à la demande de cette marchandise animée. Aussi le chiffre des esclaves atteignait en 1860 4,490,000. La Virginie, le Kentucky, le Maryland et la Caroline du Nord, ont été choisis pour l'établissement des *élèves* : c'est un honneur dont ces Etats doivent se réjouir !

La ténacité de la race anglo-saxonne peut aussi bien conduire à la barbarie qu'à la civilisation. Je ne sais si je me trompe, mais je ne crois pas que la race franco-gauloise eût, dans des circonstances semblables, poussé aussi loin les conséquences d'un mauvais principe. L'esclavage, il est vrai, a le don de confondre la diversité des instincts et de détruire leur originalité. Sur les deux rives de l'Ohio, la physionomie des anglo-saxons se présentait dans son double épanouissement de civilisation et de décadence, de grandeur et d'abaissement. C'était comme les reflets des deux principes opposés, de la liberté et de la servitude, qui semblaient se disputer l'empire de ces campagnes, la royauté de ces eaux. La liberté était éclatante, ingénieuse, active ; elle montrait une population de toutes les classes puisant l'ardeur du travail dans l'impulsion de la volonté individuelle, dans l'émulation de l'intérêt général ; la servitude, au contraire, avait le morne aspect du labeur forcé, cette molle défaillance qui s'empare de l'homme transformé en machine, cette tristesse et cette brutalité qui font de l'esclave un être indifférent, et du commandeur un stupide bourreau. D'un côté, l'homme aime la terre pour le fruit qui l'enrichit ; il bénit la moindre parcelle de ce sol empreint de sève et de fécondité ; de l'autre, il déteste cette marâtre qui prend toutes ses sueurs et donne tous les produits à quelque maître indolent, se berçant dans un hamac, et rêvant, à travers la fumée d'un cigarre, de ses profits sans peine et de ses plaisirs sans bornes. C'est Jefferson qui, en 1787, fit voter une loi organisant le territoire du nord-ouest de l'Ohio, et déclarant qu'il n'y aurait plus d'esclaves dans cette contrée. Ce territoire, où vivaient alors quelques milliers de sauvages, contenait en 1850 cinq millions d'hommes libres.

Les *États-Unis* ont puisé leur grandeur démocratique dans la liberté communale ; mais la faiblesse du gouvernement central pourrait leur ravir cette prospérité si digne d'envie. L'envahissement successif des Etats du Sud dans la législation américaine, enlève à celle-ci quelque chose de sa pureté et de son élévation. L'influence de l'esclavage ne peut que compromettre la liberté. Pour arriver à son but, c'est-à-dire à la domination générale, le Sud ne choisit pas les moyens honnêtes ni les procédés permis. Lancé sans mesure en dehors de l'ordre moral par l'adoption d'un principe odieux, il attache à son char deux coursiers aveugles : la violence et la mauvaise foi. Il pousse ardemment à cette politique d'agrandissement indéfini qui, profitant à l'esclavage, profite naturellement au despotisme, et compromet, pour l'avenir, les institutions démocratiques. Le Compromis du Missouri fut une première défaite pour le Nord. On assigna bien une limite à l'esclavage en tirant une ligne parallèle par 36 degrés 30 minutes de latitude nord à l'est et à l'ouest du Missouri, mais on consacrait, en même temps, le progrès de l'envahissement. Le Sud était momentanément arrêté; mais il n'était pas contraint de reculer.

Il reprit bien vite le mouvement. En Amérique, un nouvel Etat exerce autant d'influence que le plus ancien. Une population soudainement installée et sans principes bien fixes est égale à celle qui, depuis quatre vingts ans, laisse échapper de son foyer un rayonnement de plus en plus vif de civilisation. La minorité peut ainsi dominer la majorité, suspendre ou plutôt troubler l'ingénieux mécanisme de la constitution. Si le candidat à la présidence n'obtient pas la pluralité des voix, la Chambre des représentants choisit en votant par

Etat : la minorité parvient ainsi souvent à faire prévaloir ses volontés. Aussi la politique du Sud consiste-t-elle à posséder plus d'Etats que le Nord. Le Mississipi, l'Alabama, l'Arkansas sont arrachés aux peuplades indiennes : à des sauvages libres succèdent des nègres esclaves. Le Texas est *volé* au Mexique : le mot est de Channing. Le Mexique, en secouant le joug espagnol, avait décrété que *dorénavant personne ne naîtrait esclave, ne serait introduit comme tel dans les Etats mexicains.* Sous un misérable prétexte, on arrave à la spoliation du Texas. Le prétexte : c'était l'indépendance ; le but : la servitude. « Par cet acte, s'écriait Channing, notre pays entre dans une carrière d'usurpation, de guerre et de crime. » Channing ajoute : « On dit que les nations ont leurs destinées, que » le Turc stationnaire doit succomber devant la » Russie... que les Indiens ont disparu devant » les blancs ; que la race mélangée, dégradée du » Mexique, doit disparaître devant les Anglo-» Saxons. Arrière ces vils sophismes ! Il n'y a pas » de nécessité pour le crime ! » Le Texas fut admis comme Etat à esclaves le 29 décembre 1845.

Le courant fut un moment entravé par la présentation du *Proviso Wilmot :* il s'agissait de n'accorder de subsides pour la guerre qu'à la condition de prohiber l'esclavage dans tous les territoires conquis. Cette proposition fut votée par la Chambre des représentants et repoussée par le Sénat. La Californie ayant demandé son annexion comme Etat *sans esclaves*, l'agitation prit plus de vivacité et toucha à l'intempérance. Le Sud menace de rompre le lien fédéral ; le Nord répond par de

violents meetings. Un compromis fut proposé par
M. Clay. La Californie était admise comme Etat
libre ; mais on écartait le *Proviso Wilmot.* L'organisation des territoires appartiendrait de droit
aux habitants ; leur Constitution serait ensuite
soumise au Congrès. Faux semblant de liberté
spécieuse qui permettait l'établissement de l'esclavage dans les nouveaux Etats ! De plus, on promit au Sud une loi contre les esclaves fugitifs.

Cette loi fut votée en 1850. « Quelle loi civile,
» disait Montesquieu, pourrait empêcher un es
» clave de fuir, lui qui n'est point dans la société,
» et que, par conséquent, aucunes lois civiles ne
» concernent. » Mais la violence ne raisonne pas
comme un philosophe ; elle ne se préoccupe pas
d'être humaine ni de se montrer logique dans le
sens du droit et de la vérité. Le maître fut autorisé à poursuivre, à faire saisir dans les Etats libres l'esclave en fuite ; il obtient le concours des
officiers fédéraux. Il n'y a de violé que la loi d'asile, la justice et l'humanité : c'est peu de chose.
Esclave, tu peux chercher à travers l'horizon qui
t'environne un passage dans les halliers épais, un
sentier sur le sommet ou dans les gorges des
montagnes, tu trouveras dans tous les chemins et
derrière tous les arbres un gendarme pour t'arrêter, et, pour avoir rêvé la liberté, ton maitre
t'appliquera, sans jugement, la peine du fouet !
On te pendrait, mais tu vaux une somme. Tu dois
mourir chaque jour et toujours vivre.

Le Nord, en même temps qu'il s'est affaibli,
s'est déshonoré par cette loi. Aussi le compromis
du Missouri deviendra une lettre morte. Plus de

digue, plus de pudeur ! Les événements du Kansas, dans ces dernières années, offrent le plus lamentable tableau des excès d'une ambition forcenée. A plusieurs reprises le scrutin est violé, la loi mise sous les pieds, pour obtenir un vote favorable à l'esclavage. Une bande armée d'un Etat voisin fait subir au Kansas une législature bâclée. Et quelle législature ! On ne peut être *juré* sans soutenir que l'esclavage est un droit. Une opinion contraire émise verbalement est punie de deux ans de travaux forcés, de quatre ans si c'est par la plume ou par l'impression. Malheur à celui qui donne asile à un esclave fugitif : il n'est pas permis d'être généreux à moins d'un emprisonnement de quatre années ! A celui qui aide un esclave à fuir ou à se cacher : la *mort !* A celui qui le pousse à la révolte : la *mort*, à défaut d'une peine plus terrible ! A celui qui refuse de jurer le *bill des fugitifs*, la suppression du droit de vote ! — Ils parlent de *droit*, ces gens-là, alors qu'ils sont lancés dans l'extravagance de l'arbitraire et de la férocité ! Sont-ce bien des hommes qui agissent dans ce moment ; j'ai cru pour ma part que c'étaient des tigres prêts à fondre sur leur proie !

Attendez ! Ces lois barbares, ils vont les appliquer tout à l'heure. Charles Sumner, au Sénat, proteste en ces termes : « En vérité, on nous » comprend tous sous la dénomination commune » d'hommes, comme on comprend les épagneuls, » les roquets, les dogues, les chiens-loups, sous le » même nom de chiens ! » Le sénateur Brooks répond en lui assénant un coup de canne sur la tête. Les raisons manquent ; on emploie la force brutale. Un journal, le *Richmond-Inquirer*, félicite en ces termes M. Brooks : « Nous approuvons la » conduite de M. Boroks, nous l'approuvons sans » réserve. Cet acte est bon dans sa conception, » meilleur dans son exécution, parfait dans ses » conséquences. » Une canne d'honneur est votée au sénateur Brooks comme on vote un sabre au général Garibaldi !... Mais je m'en veux d'avoir profané ce nom !... La loi qui punit les criminels, qu'en fait-on dans cette circonstance ?.. M. Brooks conserve son titre de sénateur ; il en est quitte pour une amende de 300 dollars !

Je ne rends pas les *Etats-Unis* tout entiers responsables de ces violences, de ces ignominies. J'admire leurs belles institutions basées sur la volonté populaire et sur la liberté ! Mais je voudrais faire comprendre à ce grand peuple les dangers qui menacent ces institutions. Le monde entier perdrait à les voir disparaître. Il doit combattre à outrance le cancer qui le ronge et remonter la pente qui le mène à la mort. Au sommet de cette pente, c'est la vie, c'est le soleil ; à son extrémité opposée, c'est la nuit et la décadence ! Il faut renoncer à tout prix à cette politique indigne qui dans les conquêtes extérieures fait usage du flibustier, et qui, au sein d'un grand nombre d'Etats, discute avec le révolver ! Car, pour citer encore Montesquieu : « Dans la démocratie, où tout le » monde est égal, des esclaves sont contre l'esprit » de la Constitution ; ils ne servent qu'à donner » aux citoyens une puissance et un luxe qu'ils ne » doivent point avoir. »

II

Cette prétention du Sud à la domination morale et politique des Etats-Unis, s'appuie-t-elle sur des tendances plus civilisatrices, sur une plus grande élévation d'intelligence, sur des aspirations plus religieuses, sur une compréhension plus étendue des droits et des devoirs, de la dignité morale et des besoins matériels ? Repose-t-elle sur les progrès d'une éducation plus générale, sur des facultés plus ingénieuses dans l'art d'inventer ou de produire, sur des connaissances plus pratiques et plus fécondes en agriculture, sur une activité à la fois plus habile et plus intuitive dans le commerce ?

Quand on veut se placer à la tête d'une nation progressive et lui tracer la route de la prospérité et de la grandeur, il faut plus que des éléments douteux de civilisation, plus qu'une aspiration inconsidérée vers l'agrandissement indéfini : il faut la science politique qui mûrit les conceptions, la justice qui les purifie, l'enthousiasme qui les échauffe. La passion pour l'humanité est le meilleur guide des nations vers de splendides destinées.

Les Etats du Sud ont ils cette passion ? Ont-ils le sentiment de la justice ? Ont-ils un saint enthousiasme? Ont-ils l'intelligence des lois d'une politique honnête , démocratique et libérale ? Sont-ils imprégnés de la poésie des grandes choses et du désir d'accomplir des actions immortelles ? Un homme est-il à leurs yeux quelque chose de respectable ou d'indifférent ? Ont-ils une foi, une croyance, un but élevé ?... Non ! ils ne rêvent la suprématie absolue que pour imposer d'immorales institutions. Ils veulent consacrer pour quelques-uns le droit des faciles jouissances, de l'aristocratique oisiveté, en condamnant toute une race d'hommes au travail servile, au labeur que ne stimule point l'intérêt, que ne sanctifie pas la famille. Ils portent en eux tous les éléments de destruction et de passivité. Ils propagent la servitude, cause de décadence; ils suppriment le mouvement, loi du progrès.

Que tout un peuple se mette à la remorque de pareils civilisateurs; que l'humanité entière suive ce funeste exemple, et bientôt la masse des hommes ne sera plus qu'un vil troupeau conduit par des pasteurs efféminés. Les fleurs de la civilisation se flétriront successivement. L'abrutissement des esclaves aidant à la corruption des maîtres, les jouissances raffinées elles-mêmes disparaîtront sous un niveau de stupide grossièreté. Alors les victimes deviendraient à leur tour dominateurs et la nuit profonde gagnerait le vaste univers. L'humanité aurait repris la physionomie des premiers jours de la création. Les forêts profondes et les grandes savanes remplaceraient les champs cultivés; les peuplades chasseresses succéderaient aux populations agricoles. Les grandes routes et les grands fleuves ne seraient plus sillonnés par la vapeur, mais par des charriots informes et par des barques creusées dans le cœur des arbres géants. Dans les sentiers à peine tracés passerait par moment un sauvage armé d'un arc et de flèches, ayant des plumes sur sa tête et des coquillages à ses oreilles. Les bêtes sauvages sortiraient de leurs repaires pour s'emparer des campagnes. Les villes offriraient le spectacle de Babylone et de Persépolis, et, par leurs monuments déserts, annonceraient seulement qu'autrefois l'homme fut intelligent, industrieux et que la civilisation fut perfectionnée. Plus de jouissances nées de la culture des arts ; plus d'intelligences s'ouvrant aux vastes conceptions ; plus d'âmes puisant dans la certitude de Dieu un sentiment moins vague de l'infini. L'homme reviendrait aux fétiches, et, pareil aux animaux, porterait un regard étonné sur le cercle bleu que forme l'horizon. Le bruit du tonnerre et des vents lui rappellerait encore plus sa faiblesse, ne pouvant mesurer sa force par la puissance intellectuelle. Les harmonies de la nature, la majesté des mers, la solitude des forêts lui causeraient plus de surprise que d'émotion. La grandeur humaine aurait complétement disparu, et, pour se réhabiliter aux yeux de la Providence, notre espèce serait obligée de reprendre une seconde fois sa marche vers la civilisation.

M. de Tocqueville, dans son beau livre de la *Démocratie en Amérique*, compare ingénieusement les hommes du Nord aux hommes du Sud. Il accorde aux premiers les qualités solides, aux seconds les dispositions brillantes. Ceux-ci n'ont

que de l'esprit, ceux-là ont de la ténacité, du jugement et surtout des mœurs. Auxquels des deux
doit revenir le droit de conduire les Etats-Unis
dans les voies civilisatrices ?...

La superficie territoriale des Etats du Nord est
moins étendue que celle des Etats du Sud, et cependant leur population est plus nombreuse : elle
s'élève à 13,434,922 habitants, tandis que la population du Sud, en comptant les esclaves, n'atteint
que le chiffre de 9,642,976. Evidemment, la cause
de cette infériorité provient de l'esclavage, c'est-à-
dire d'une sorte d'engourdissement dans le travail
de l'esclave, et chez le maître dans un élan moins
vif de la spontanéité, et surtout dans un attrait
plus irrésistible du plaisir et du désœuvrement.

Quel est maintenant l'état moral et intellectuel?
En 1850, les seize Etats libres avaient 62,433 écoles. Ces écoles étaient dirigées par 72,621 instituteurs qui répandaient l'instruction sur 2,769,604
élèves. Dans les quinze Etats à esclaves, le nombre des écoles n'atteignaient que 18,507, le nombre des instituteurs que 19,307, et le nombre des
élèves que 581,861.

Dans les Etats libres, le nombre des journaux
montait au chiffre de 1,790; leur tirage s'élevait
annuellement à 334,146,281 exemplaires. Dans les
Etats à esclaves, il y avait 704 journaux tirés
à 81,038,693 exemplaires.

Le Nord comptait 14,911 bibliothèques publiques; leur contenance allait à 3,888,234 volumes.
Le Sud avait 695 bibliothèques publiques conte-
nant 649,577 volumes.

Les brevets pour inventions nouvelles, délivrés

par les Etats du Nord en 1856, atteignaient le chiffre de 1,929; au Sud ils s'élevaient à 268.

Ce contraste est une grande leçon morale. D'un
foyer de lumière ou plutôt de liberté, le rayonnement se prolonge sur tous les points de la circon-
férence, tandis que la servitude, comme un épais
nuage, ne laisse apercevoir que par instant quelques reflets assombris du soleil. D'un côté, c'est
la vivacité, le mouvement, l'entrain de l'esprit;
de l'autre, c'est le ralentissement, l'hésitation, la
marche pénible à travers les ténèbres. Ici, l'intelligence cherche, étudie, invente, poursuit une
idée, la combine, l'applique; là, c'est une compréhension lente, engourdie, qui ne se stimule
pas elle-même qui semble se faire une loi de l'indifférence, et qui ne comprend point la nécessité
de l'activité intellectuelle.

La supériorité industrielle, agricole, financière,
économique des Etats du Nord n'est pas moins
évidente. Les recettes de la douane, en 1854, s'é-
levaient, pour les Etats libres, à 60,010,489 dollars; pour les Etats à esclaves, à 5,436,939. La
différence, à l'avantage des Etats libres, est donc
de 54,873,550 dollars. Le Nord avait creusé, à la
même époque, 3,682 milles de canaux, et construit 17,855 milles de chemins de fer, tandis que le
Sud n'avait creusé que 1,116 milles de canaux et
construit 6,859 milles de chemin de fer. Les manufactures du Nord, avec un capital de 440 millions 240,054 dollars, emploient 780,576 ouvriers,
et la production atteint une valeur de 842 millions
586,058 dollars.

Les manufactures du Sud ne présentent qu'un

capital de 95,029,879 dollars; leur personnel est
de 164,733 hommes et leur production ne s'élève
qu'à 165,443,027 dollars. En 1855, l'exportation
s'élevait au Nord à 167,520,693 dollars, et l'importation à 24,586,528. Il est vrai que le Sud est une
contrée presque exceptionnellement agricole et
que ses produits se dirigent en grande partie vers
le Nord ; mais cela prouve encore plus que toute
l'activité commerciale et maritime est concentrée
sur ce point des Etats-Unis.

Le Sud, pays agricole, est-il plus riche à ce
point de vue que le Nord? Les chiffres répondent
encore ici par la négative. *La valeur totale des produits du Nord l'emporte de plus de 100 millions de
dollars sur la valeur totale des produits du Sud.* Il
faut ajouter encore que les Etats libres fournis-
sent les productions les plus utiles, celles dont la
nécessité est absolue, et, comme le dit M. Cochin,
si *le Sud a le coton, qui est le pain des machines, le
Nord a le blé, qui est le pain des hommes.*

Au reste, voici ce qu'écrit un homme du Sud
lui-même : « C'est un fait bien connu, que nous
» sommes forcés de demander au Nord presque
» tous les objets utiles ou superflus, depuis les al-
» lumettes jusqu'aux navires à vapeur; que le
» Nord est la Mecque de nos marchands, qui y
» font deux pélerinages par an; que nos Bibles et
» nos balais, nos livres et nos baquets, viennent
» du Nord; l'encre, le papier, les plumes, la cire
» et les enveloppes, du Nord; les souliers, les cha-
» peaux, les mouchoirs, les parapluies et les cou-
» teaux, du Nord; les glaces et les pianos, les
» jouets et les drogues, du Nord..... Au berceau,

» on nous emmaillotte dans la mousseline du Nord;
» enfants, on nous amuse avec des joujoux du
» Nord; écoliers, on nous éduque avec des livres
» du Nord; jeunes, nous allons nous former sur le
» sol du Nord; hommes faits, nous relevons nos
» yeux avec des lunettes du Nord; vieux, on nous
» drogue avec des médicaments du Nord; enfin,
» morts, nos cadavres sont entourés de batiste du
» Nord, conduits à la terre dans des voitures du
» Nord, mis à la fosse avec une bêche du Nord,
» couverts d'une pierre du Nord. » (1)

Cependant, en face d'une infériorité économique aussi marquée, comment s'expliquer l'étendue de l'influence politique qu'a su conquérir le Sud, la domination qu'il a si souvent exercée sur les Etats-Unis tout entiers? C'est que son audace n'a pas de bornes et que cette audace s'appuie sur la violence et sur des passions effrénées. C'est triste à dire, mais l'audace est plus commune dans le mal que dans le bien. Le bien s'écoule avec la majesté et la lenteur du fleuve, qui semble caresser les plantes du rivage; le mal, comme un fougueux torrent, détruit, déracine, emporte tout dans son élan. Le torrent peut s'emparer de l'empire des campagnes, mais c'est pour tout bouleverser; le fleuve les enrichit d'alluvion et leur procure l'abondance et la fertilité.

En soixante-douze ans, sur 18 élections à la présidence des Etats-Unis, le Sud en obtint 12, le Nord 6 seulement. Toutes les fonctions qui dépen-

---

(1) Helper, p. 12.

dent du pouvoir exécutif ont été naturellement plus souvent entre les mains des esclavagistes. Le Sénat, qui représente surtout la souveraineté des États, est presque toujours dominé par l'opinion du Sud ; la Chambre des représentants , qui reflète la souveraineté populaire , est plus progressive, mais plus divisée en même temps par des nuances. Il n'y a point diversité dans les principes; mais il y a cette variété dans le point de vue d'application, cette précipitation chez les uns , cette hésitation chez les autres, qui naissent précisément de la liberté et du jeu des institutions démocratiques. Aussi , le Nord a moins d'ensemble, parce qu'il compte plus de partis ; le Sud marche comme un seul homme , afin de tout dominer et d'asseoir sa prépondérance politique sur le principe de l'esclavage qu'il voudrait rendre incontestable.

On a vu où cette prétention l'a conduit déjà. L'humanité a été mise en oubli, la morale insultée. La justice, la pudeur ont pu se voiler la face; mais sur la pente du mal, il faut naturellement atteindre le dernier degré, du moment que l'aveuglement guide les yeux et que la férocité conduit le cœur. Sur cette pente, on rencontre un martyr, lumière morale qui semble annoncer la catastrophe comme l'éclair annonce l'orage. Ce martyr, c'est Brown ! En octobre 1859, une centaine de nègres s'emparent du petit arsenal fédéral d'Harpers-Ferry, dans la Virginie. Brown, un simple fermier, est à leur tête avec ses fils et quelques blancs. La bande prend les fusils, mais ne touche point à des sommes importantes que renferme l'arsenal. Une idée généreuse inspire ces hommes, et non point la convoitise.

Aussitôt la terreur se répand à Richmond, on croit déjà la révolte générale, et que toute une race asservie va demander raison à celle qui l'opprime. On arme plusieurs compagnies de volontaires. Le gouverneur Wise demande des troupes au président Buchanan. Celui-ci envoie 93 soldats de marine. En quelques heures, Brown et les siens sont dispersés. Brown est arrêté, frappé de quatre coups de sabre et de deux coups de baïonnette. Ses fils sont tués à ses côtés. Cook, Copeland, Copp, Greenie, Stevens sont saisis; Douglas s'enfuit, Gerrit Smith devient fou. Le procès commence. Le gouvernement fédéral pouvait juger lui-même et sauver peut-être les coupables; il élude lâchement la responsabilité. C'est à Charlestown que Brown sera poursuivi; il sera jugé par ses ennemis... Comment jugé?... Couvert de blessures, on n'attend point sa guérison, ni son avocat, ni ses témoins.. Pourquoi perdre un temps précieux?... Cet homme porte en lui un souffle de liberté : il faut le supprimer immédiatement.

Brown comparaît à moitié mort; mais son âme est pleine de vie et d'éclat. Dans la sérénité de son visage se réflète la grande pensée qu'il porte en lui ; ses regards s'illuminent comme d'un symbole de vérité. Enchaîné, il est libre; oui libre par son esprit en communication avec Dieu, libre par cette foi vive qui lui fait entrevoir sa fin comme une délivrance pour les esclaves; libre par cette intuition sublime qui nous annonce qu'un martyr qui tombe, c'est un principe qui triomphe. Ces chaînes qui l'accablent semblent lui prédire que les noirs auront des ailes !... En face de ce calme et de cette grandeur, contemplez ses ennemis, pâles de fureur, frémissants, terribles. L'ignominie de leur cruauté doit être à la hauteur de la générosité de Brown. Il n'y a pas de justice qui prononce ; ce sont des persécuteurs qui condamnent. Brown ne fait pas un seul aveu, n'exprime pas un seul regret. Doit-il répondre à des bourreaux ? Doit-il regretter une noble action ? Il doit mourir... Sa mort sera une infamie pour ses juges, une gloire pour son nom, une victoire pour ses principes. Il est condamné à la pendaison... Quel genre de supplice mériteraient alors ceux qui ont prononcé l'arrêt ?...

Ce n'est pas tout..... Brown subira la peine de mort ; mais il faut aussi qu'on l'insulte ; il faut que d'indignes journalistes lui lancent l'injure et le mépris ; il faut que les femmes elles-mêmes, mollement étendues sur leurs sofas, le poursuivent de leurs moqueries... Les femmes !... Ah ! tous leurs charmes ne les empêchent pas de paraître laides avec de pareils sentiments ! Les premières dans la charité, sont-elles donc aussi les premières dans la cruauté froide et sarcastique !...

C'est bien plus : la pitié devient un crime. Il ne faut pas qu'on verse une larme pour le martyr qu'on transforme en scélérat ; il ne faut pas qu'on saisisse une émotion sur les visages. Un homme ose exprimer sa sympathie, on l'emprisonne ; des étrangers, en chemin de fer, sont arrêtés pour avoir parlé favorablement de la victime. Un marchand de Savannah, criminel parce qu'il est sensible, est *goudronné, roulé dans les plumes, arrêté, exilé.*

Une mauvaise action entraine à tous les excès. Si Brown était un véritable brigand, y aurait-il tant d'inquiétude dans les esprits, tant de tourment dans les consciences? Est-ce Brown qui tremble? Ce sont ses accusateurs. L'exécution de la peine doit être prompte, et le 2 décembre Brown est pendu.

Ce même jour, la voix d'un homme à la fois grand poète et puissant orateur, demandait, sur la terre d'exil, grâce pour le martyr, grâce pour l'humanité.... Mais l'âme de Brown étincelait déjà du rayonnement céleste, dans la demeure de Dieu, alors que l'admirable cri de Victor Hugo vint retentir sur les rivages des Etats-Unis!

La victime n'est plus, et l'esclavage, sans doute, va triompher pour toujours; mais la souveraineté de l'opinion publique justifie Brown et condamne ses bourreaux en élevant à la présidence l'abolitionniste Lincoln! Grande souveraineté que celle de l'opinion publique, quand c'est la justice et la vérité qui l'inspirent et qui l'entrainent!

III

La guerre civile en ce moment s'étend comme un incendie sur le vaste territoire de l'*Union*. Sur les points où l'on ne se bat pas, les esprits échauffés encouragent la lutte, se passionnent pour l'une ou l'autre cause, ou se préparent à se transformer en combattants. La différence, c'est que le Nord entier est debout, tandis que le Sud se partage en maîtres exaltés et en esclaves passifs. Ceux-ci attendent, prêts à porter dans la balance une force de quatre millions d'hommes qu'une longue oppression doit rendre terribles. L'avantage des armes semble jusqu'à ce jour donner raison aux hommes du Sud ; ils sont plus disciplinés parce qu'une seule passion les conduit ; ils paraissent plus décidés parce qu'ayant tout à perdre ils font un suprême effort pour échapper à la ruine ; ils ont l'allure plus guerrière parce que, peut-être, pour être excellent soldat, faut-il très-peu de pitié pour la race humaine et ne la tenir qu'en très-petite considération. Le Nord, pris au dépourvu et divisé d'opinions, a hésité un moment dans l'organisation de la défense ; il a cru longtemps que la collision serait évitée ; il comptait aussi sur sa puissance morale ; mais la crainte d'abord et l'enthousiasme ensuite ont gagné de proche en proche, et des industriels, des agriculteurs se sont transformés bientôt en volontaires; on a lancé au loin le marteau ou la bèche pour s'emparer du fusil; chacun a senti confusément qu'il allait défendre non-seulement sa personne, son bien, son influence, mais encore un noble principe. Chacun a compris qu'il n'allait pas jouer simplement au militaire, mais qu'il allait remplir un rôle providentiel. Soldats et chefs sont nés spontanément dans un désordre inexprimable, et se sont lancés, sans discipline et sans art, sur le champ de bataille. Ils ont eu des revers, des paniques, au milieu d'un entrain sublime. Mais la défaite les a rendus plus expérimentés; ils s'organisent maintenant, ils mêlent la prudence à l'enthousiasme, ils combinent leurs plans, ils mûrissent leurs projets. Ils puisent dans l'insuccès la volonté de vaincre et non le découragement, ils comprennent mieux le but élevé qui les excite au combat. Les caisses de l'Etat se remplissent par la souscription spontanée. Le nerf de la guerre abonde, les munitions se multiplient, les chantiers voient se succéder tour à tour les vaisseaux en construction. Tout respire l'activité et l'élan qu'éveille et qu'entretient une grande cause. La France aussi fut prise au dépourvu par l'Europe, en 1792, ainsi que l'Amérique du Nord. Comme elle, dans le premier moment de trouble, ses armées éprouvèrent des échecs ou se débandèrent; mais quand au sentiment de la liberté vint s'unir la discipline, quand tous comprirent qu'ils n'étaient pas seulement des soldats, mais des hommes libres, quand ils virent qu'ils avaient un foyer à défendre, une patrie à venger et un principe à faire triompher, ils se ruèrent dans un irrésistible élan et dans un ordre parfait contre ces machines humaines qui ne se battaient que pour leurs maîtres ; ils les firent reculer, les remplirent de stupeur, et les rejetèrent en dehors des frontières. Valmy, Jemmapes, Hondscoote, Watignies, Wissembourg et Fleurus furent les brillantes étapes de cette course victorieuse.

L'Amérique du Nord marchera de la sorte de succès en succès, alors qu'elle sentira complétement en elle l'union de la force matérielle et de la force morale. Le mouvement deviendra de plus en plus précipité, l'héroïsme illuminera l'âme de ces marchands, de ces industriels ; une victoire sera le pronostic d'une victoire nouvelle, les soldats moissonnés seront remplacés par des soldats nouveaux. Une grande défaite du Sud répandra dans ses rangs la confusion et le découragement. Vaincu, il se verra environné de tous côtés par des ennemis, il sera placé entre les blancs victorieux et les noirs prêts à la révolte.

Mais en attendant que ces heureux événements se déroulent, étudions les causes qui ont fait naitre la lutte et qui l'alimentent. Il est incontestable que la cause première, fondamentale, celle qui domine toutes les autres et qui finira par les envelopper toutes, c'est l'esclavage. C'est la grande protestation de la liberté générale contre la servitude : c'est la voix de la justice cherchant à proclamer aux yeux du monde entier que l'égalité des races humaines est une loi de Dieu. Voilà l'idée éclatante et sublime qui plane au-dessus de toutes ces armées, qui trouble toutes ces âmes ou qui les exalte, et qui pénètre tous ces ruisseaux de sang d'une immense fécondité morale. Il y a là Dieu, la justice, la liberté, admirable trilogie, qui assistent à cette gigantesque rencontre !

Mais au-dessous de cette cause qui emprunte sa grandeur à son universalité, il en est d'autres qui ont à la fois une physionomie générale et particulière. Dans toutes les sociétés en révolution, on aperçoit presque toujours deux principes qui se disputent la primauté et qui tiennent surtout à la différence des conditions : c'est l'aristocratie et la démocratie. Ces deux principes existent aussi en Amérique, et le Nord et le Sud ne se divisent pas seulement par leur opinion diverse sur l'esclavage, mais aussi par l'opposition de leurs tendances aristocratiques et démocratiques. Il est positif que l'esclavage ne pouvait que propager, parmi les hommes du Sud, le goût et le sentiment de l'aristocratie. Dépensant moins d'activité, ils donnent plus de temps aux plaisirs, c'est-à-dire aux jouissances que l'on se procure par la richesse sans conquérir cette richesse par le travail. Le désœuvrement donne des goûts, je ne dirai pas plus délicats, mais plus raffinés ; il éveille aussi une répugnance de plus en plus hautaine en face des mœurs simples, communes et rudes du peuple. Le désœuvrement entretient un certain amour de l'instruction qui ne va point jusqu'à la profondeur ; il fait désirer le savoir qui ne s'attache qu'à la fleur des connaissances. On veut apprendre pour se désennuyer et non pour être utile à ses semblables. Ce désir de connaître et cette indifférence de l'objet solide de l'instruction provoquent encore plus l'éloignement pour les classes populaires. On les prend en mépris parce qu'elles ne savent pas grand chose ; mais on ne les croit pas dignes, en même temps, de rien savoir. Ces tendances sont celles des hommes du Sud, qui rêvent pour l'avenir l'organisation d'un gouvernement aristocratique.

Le Nord représente, au contraire, la démocratie dans tous ses éléments les plus saillants et les plus complets. On y trouve tout naturel que l'instruction se généralise, que tous créent le gouvernement et que tous en profitent, que l'activité soit aussi étendue que les droits. On ne comprend la force que dans la volonté commune ; la puissance, que dans l'action incessante de cette volonté. Chaque homme est une partie du souverain et l'on n'admet pas que le pouvoir de quelques-uns puisse seulement tenter de s'opposer à l'universalité politique de la masse. On envisage la spontanéité comme le bien de chacun et comme le moyen de concourir plus sûrement à la grandeur, à la prospérité de tous les associés, qui sont à la fois des gouvernés et des gouvernants. En un mot, la diversité des conditions disparait et l'on n'aperçoit que des hommes. Peuple et bourgeoisie comprennent qu'il n'y a d'entente que dans l'égalité des droits, que cette égalité fait la force, que cette force engendre la puissance, que cette puissance entretient la dignité, et qu'on s'approche ainsi, le plus près possible, du degré de civilisation que doit atteindre l'humanité. N'est-ce pas en quelque sorte la perfection que de n'avoir pas à craindre l'agression intérieure et de pouvoir opposer aux agresseurs du dehors l'unanimité d'une conviction démocratique?

A côté de la lutte de l'aristocratie, il y a aussi celle des Etats contre le pouvoir fédéral, il y a la souveraineté particulière contre la souveraineté générale. Certainement, au sein d'une nation démocratique bien organisée, l'exécutif doit dépendre du législatif, et non le législatif de l'exécutif ; mais aux Etats-Unis l'exécutif, qui est un produit du suffrage universel, est en quelque sorte créé pour représenter le sentiment absolu de la nationalité, la forte cohésion de l'ensemble, vis-à-vis, non pas des prétentions de tel ou tel citoyen, mais de celles des individualités collectives qui s'expriment par les Etats. Or, le défaut bien marqué de toutes les fédérations, c'est que le pouvoir central y est faible, sans cesse combattu par la jalousie de chaque Etat particulier d'abord, et de tous les Etats réunis dans une commune ambition. C'est le spectacle qu'ont offert de tout temps les Etats-Unis. Le pouvoir fédéral aurait pu conquérir une grande force morale dans ses rapports avec les puissances extérieures ; mais son activité, sur ce point, a été réduite à la plus simple expression, la passivité diplomatique préconisée par Washington ayant toujours guidé la conduite de l'*Union*. Le pouvoir fédéral a donc perdu chaque jour de sa puissance et de sa force. Sans armée, sans argent, sans influence morale dans les affaires extérieures, il n'a pu lutter victorieusement contre les Etats, et il est arrivé que la souveraineté des Etats a dominé successivement la souveraineté populaire. Ce qui est très-dangereux, parce que, dans ce cas, c'est l'exécutif qui représente la démocratie ou plutôt la généralité démocratique. Aussi le Sud s'est-il toujours placé à la tête des Etats dans leurs prétentions et dans leur antagonisme vis-à-vis du pouvoir fédéral. Il saisissait la moindre question qui passionnait le public, comme celle des tarifs, par exemple, pour inviter les Etats à la résistance, et voilait ainsi habilement ses passions aristocratiques et esclavagistes.

Jefferson disait : « La tyrannie des législateurs » est actuellement, et sera pendant bien des années encore, le danger le plus redoutable. Celle » du pouvoir exécutif viendra à son tour, mais dans » une période plus reculée. » Cette période semble approcher, et c'est précisément la tutelle exagérée envers le pouvoir exécutif qui pourrait amener l'exagération de sa prépondérance.

Aussi, dans le moment actuel, la lutte semble avoir un caractère tout politique. Mais on sent de plus en plus que la cause dominante pèse sur elle et que la question de l'esclavage en est l'âme et le but.

Les conséquences de la guerre peuvent se prévoir et même se prédire, à moins qu'un compromis soudain ne vienne y mettre un terme ; mais alors les mêmes difficultés renaîtraient encore, entretenues par les mêmes passions, et le champ de bataille serait ensanglanté de nouveau au nom de la servitude et de la liberté. Les conséquences seront d'abord l'émancipation des noirs, en second lieu, la domination du pouvoir fédéral. Cer-

lainement la fortune paraît bien changeante, bien
capricieuse, et beaucoup de gens qui se fient au
hasard, dans le cours des événements humains,
pourraient espérer le triomphe des Etats du Sud
et croire par conséquent au maintien de l'esclavage et à l'accomplissement de la séparation ;
mais l'intervention de la Providence, qui s'allie
toujours à l'activité de la puissance humaine,
quand cette puissance s'appuie franchement sur
la justice et sur le droit; l'impulsion que les idées
progressives semblent puiser dans la marche ascendante de la civilisation, déjoueront les espé-
rances égoïstes et les aspirations impures des par-
tisans d'une fortune sans lumière morale et se
laissant conduire dans le vide par l'incertitude.

Ainsi donc, nous pensons que l'Union sera main-
tenue et que l'émancipation sera proclamée. Le
Nord ne peut pas admettre la séparation, parce
qu'il est de toute nécessité pour lui de pouvoir
naviguer sur le cours entier du Mississipi, et que
la possession de l'embouchure de ce fleuve est
la conséquence de cette nécessité. Le Sud peut-il
exister et maintenir l'esclavage avec des frontières ouvertes sur tous les points, et sans avoir la
facilité de faire appliquer le *bill des fugitifs* chez
ses voisins, devenus ses antagonistes ? Ce serait
peut-être un moyen d'arriver plus vite à l'émancipation des noirs que la séparation des Etats.
Maintenant, en admettant que les esclaves soient
libres et que le Sud forme une nation à part, il
est évident qu'il faudrait accorder les droits politiques aux émancipés et la garantie d'arriver à
l'exercice du pouvoir (ce qui répugne essentielle-

ment à l'orgueil des Anglo-Saxons), ou bien alors les Anglo-Saxons du Sud auront à lutter contre quatre millions de noirs qu'on chercherait à exterminer comme on a fait des Indiens. Mais le Sud, à lui seul, serait-il assez fort pour réussir dans cette extermination des noirs, et le succès de cette boucherie n'acquerrait-il pas plus de certitude dans l'association des forces de tous les Etats que dans leur séparation ? Cette question de l'esclavage étreint pour ainsi dire les hommes du Sud, et de quelque côté qu'ils envisagent leur situation, elle est non-seulement embarrassante, mais elle présente des dangers incalculables. C'est la fatalité de tous ceux qui mettent à leur service un mauvais principe pour se procurer la fortune ou la prospérité.

Quand l'heure de l'émancipation se présente, on s'aperçoit du douloureux résultat de l'esclavage. Ainsi, voilà une race d'hommes qu'on a importée d'Afrique en vue de l'appliquer à un travail servile. On a poussé par tous les moyens, les plus odieux même, à sa multiplication. Esclave, cette race aidait à l'enrichissement de ses maitres; libre, elle peut leur disputer la domination. Alors il faut céder à son envahissement ou bien travailler à son extermination. On pouvait éviter l'un et l'autre en la laissant sur cette terre où l'avait placée la Providence, dans ces forêts qu'elle remplissait de son mouvement, sous ce soleil dont elle seule pouvait supporter l'ardeur, au milieu de ces usages qui lui étaient particuliers, et de cette nature enfin qui convenait à son tempérament et à ses goûts. Qu'avait-on besoin de violenter la loi de Dieu et de le contrarier dans l'application du but caché, et sans doute utile, qui l'avait guidé dans la création de cette race à laquelle il semble avoir assigné une région spéciale du globe ?

Croit-on que ce soit une fantaisie de la Providence que cet homme noir avec des cheveux crépus? Ce teint, ces cheveux doivent être nécessaires. Cet homme a un sentiment religieux, puisqu'il croit à une puissance invisible. Il a quelque intuition civilisatrice, puisqu'il s'associe à ses semblables et qu'il obéit à un chef. Il sent donc que la force naît de la communauté, et que la communauté demande une direction. De l'idée de direction à l'idée de gouvernement, il n'y a pas bien loin. Ces chefs auxquels obéissent les noirs africains, sont-ils tous d'ineptes et de grossiers despotes? Il en est dont la physionomie inspire le respect et dont l'allure guerrière ne manque pas de grandeur. L'Afrique a des semences de civilisation qui ne pourront germer que sous l'action de la race noire. Si ce continent est encore le dernier dans le mouvement progressif, et si les noirs en sont encore à l'état de peuplades, c'est qu'ils sont destinés peut-être à ne devenir actifs que lorsque les autres races seront atteintes de lassitude. L'Asie a commencé à se mouvoir, puis l'Europe, puis l'Amérique; l'Afrique aura son tour et se placera à la tête, après avoir été, à travers de si longs siècles, toujours au dernier rang. Alors les animaux sauvages qui la peuplent se transformeront en animaux domestiques, en même temps que les tribus barbares, se réunis-

sant en un corps de nation, aideront vigoureuse-
ment à la propagation de l'art, de la politique et
de l'industrie.

Nous avons remarqué les conséquences de la
guerre civile au point de vue de l'esclavage. Quels
sont les dangers au point de vue de l'agrandissement du pouvoir fédéral, car la victoire du Nord
doit amener à coup sûr cet agrandissement. La
guerre a procuré une armée. Cette armée peut-
elle aider à la transformation d'un pouvoir exécutif démocratrique en un despotisme absolu et for-
midable ? Nous ne le croyons [pas. Il y a trop d'é-
léments d'une certaine éducation et de certaines
habitudes chez le peuple américain pour que le
gouvernemeut démocratique puisse lui échapper.
Le pouvoir fédéral sera plus omnipotent, mais il
ne deviendra point une tyrannie. Une nombreuse
armée aura-t-elle même une raison d'être pour
exister, surtout au sein d'une race si peu guerrière que la race anglo-saxonne? A moins cependant
que la pensée de conquête indéfinie s'emparant
des Etats-Unis, cette nation veuille absolument
être aussi grande que les Deux-Amériques ensemble. Voilà où serait le véritable danger pour les
institutions démocratiques; car il est peut-être dif-
ficile, avec des principes de liberté, de maintenir
dans un ordre d'idées semblables plus de cent millions d'hommes.

Mais les Etats-Unis auront autre chose à faire
que de s'agrandir. Ils auront à se consolider.
Toute la puissance du pouvoir fédéral se portera
sur ce point. Elle servira aussi à associer définiti-
vement l'Amérique dans une communauté plus

étroite d'idées et de sentiments avec l'Europe, et à concourir ainsi à la solidarité des peuples pour le triomphe et pour l'application de tous les grands principes de l'humanité.

Je ne terminerai point cette longue étude sans féliciter vivement M. Cochin pour le beau et solide travail qu'il a su rendre à la fois si instructif et si intéressant, et dans lequel les meilleures intentions sont associées aux plus nobles sentiments. Ce n'est pas chose commune aujourd'hui que l'alliance du talent et du cœur dans un écrivain; et cependant le véritable écrivain ne peut se distinguer que s'il possède ces deux qualités essentielles. Ecrire sans but n'est pas écrire. Il n'y a que la passion de l'humanité qui puisse mettre une plume à la main, comme il n'y a que le danger de la patrie et la délivrance des peuples opprimés qui doivent nous faire recourir aux armes !

Bordeaux. — Imp. G. Gounouilhou, rue Guiraude, 11.